La sabiduría del yoga

Ramiro Calle

Introspección y focalización

Dharana y Pratyahara

editorial Kairós

© 2024 by Ramiro Calle

© de la edición en castellano:
2025 by Editorial Kairós, S.A.
www.editorialkairos.com

Fotocomposición: Florence Carreté
Diseño cubierta: Katrien Van Steen
Foto del autor: José Ignacio Vidal
Impresión y encuadernación: Romanyà-Valls. 08786 Capellades

Primera edición: Enero 2025
ISBN: 978-84-1121-338-7
Depósito legal: B 188-2025

Este libro ha sido impreso con papel que proviene de fuentes
respetuosas con la sociedad y el medio ambiente y cuenta con los
requisitos necesarios para ser considerado un «libro amigo de los bosques».

Cuando el pensamiento cesa, se revela la luz del Ser.

Sumario

Nota del editor

Algún tiempo de los primeros siglos de la era común, vivió el sabio indio Patañjali. A él debemos la recopilación en poco menos de doscientos aforismos de una serie de enseñanzas y prácticas diversas y dispersas que compartían la etiqueta «yoga»; una sabiduría espiritual que se había ido gestando a lo largo de mil años.

Las *Upanishads* ya hablaban del yoga como «control de los sentidos», el budismo y el jainismo desarrollaron sus yogas, en el sentido de conjunto de prácticas espirituales (*marga*), como el famoso Noble Óctuple Sendero budista. La *Bhagavadgita* ahondaba en este significado amplio de yoga como «camino espiritual», proponiendo tres vías de progresión (conocimiento, acción y devoción).

Patañjali reunió en sus famosos *Yoga Sutras* gran parte de ese bagaje espiritual y filosófico. Lo denominó Kriya-Yoga (yoga de la acción) o Ashtanga-Yoga (yoga en ocho miembros). De esta forma, sistematizó una larga tradición espiritual, transmitida entre círculos de yoguis, ascetas y sabios, y le dio consistencia filosófica. Lo transformó en «punto de vista» (*darshana*), en clara sintonía con otra antigua escuela filosófica denominada Samkhya.

Sus *Yoga Sutras* fueron profusamente comentados. Las corrientes yóguicas posteriores tendieron a legitimarse y anclarse en los ocho miembros de Patañjali, incluso cuando la práctica yóguica se vio insuflada –primero– por las tradiciones tántricas, –luego– por la filosofía vedanta, y –a partir del siglo xx– por la eclosión de los nuevos yogas corporales. En todos los casos, el yoga en ocho miembros del legendario maestro ha quedado como referente ineludible de los yogas modernos.

Quién mejor que Ramiro Calle, pionero en la introducción y divulgación del yoga en lengua española, con una larguísima experiencia en interpretar, desgranar y facilitarnos lo más elevado de la cultura yóguica, para sumergirnos en la sabiduría de Patañjali. La serie que presentamos consta de cuatro libros concisos y esclarecedores que reúnen –en pares– los famosos ocho miembros que articulan la síntesis clásica del yoga.

El *Yama* y el *Niyama* versan sobre las predisposiciones éticas y de conducta del practicante; *Asana* y *Pranayama*, sobre las posturas y prácticas de respiración; *Dharana* y *Pratyahara,* abordan las técnicas de concentración y focalización, y *Dhyana* y *Samadhi*, finalmente, tienen que ver con la meditación yóguica y su culminación.

El conjunto representa una síntesis impagable acerca de la sabiduría yóguica; una milenaria tradición de acción espiritual que desborda con creces las prácticas posturales, pues las incluye en un programa liberador muy amplio, siempre abierto a múltiples interpretaciones y tradiciones.

AGUSTÍN PÁNIKER

Agradecimientos

Siempre agradecido a Agustín Pániker,
por su amistad y confianza,
así como a su amable, paciente
y eficiente equipo editorial.

Introducción

El yoga es como un inmenso río espiritual en el que han ido desembocando innumerables afluentes cargados de conocimiento. Aunque este es un símil muy exacto, también lo es compararlo con un colosal árbol con numerosas ramas y frutos. Las ramas son las distintas modalidades yóguicas y los frutos serían el gran número de técnicas y métodos de que se dispone para rescatar a la mente de tendencias nocivas y para procurarle lucidez transformativa y liberadora. Desde tiempos muy remotos, el yoga se ha ido enriqueciendo con un gran número de enseñanzas, doctrinas, sistemas soteriológicos y corrientes espirituales muy diversas, pese a que algunas pueden estar en contradicción en apariencia. Sin embargo, el yoga siempre se ha presentado como una técnica de autorrealización, en la que predomina la experiencia y no la creencia, la práctica y no la teoría, aunque sea muy sugerente.

La filosofía, la metafísica, la medicina natural, la psicología y la ciencia psicosomática, así como muy diversos puntos de vista místicos, se integran en el yoga, que es básicamente *sadhana*, un término que puede traducirse como disciplina espiritual, trabajo interior, adiestramiento o práctica para aproximarse a la consciencia realmente despierta y a la liberación (*moksha, mukti*). Aunque la práctica proporciona bienestar, calma mental y paz interior, equilibrio psicosomático y armonía, discernimiento claro y lucidez, contención interior y ecuanimidad, el objetivo último del yoga es disipar la ignorancia básica de la mente (que causa tanto sufrimiento inútil) y acercarse a la auténtica y propia naturaleza, hasta poder establecerse en ella con carácter definitivo. En general, no es lo que busca la persona que hoy se acerca al yoga, pese a que esa es su auténtica meta, aunque incluso no pueda llegar a ella, pero sí debe tenerla presente como una fuente de motivación y orientación.

No hay ningún aspecto del ser humano que el yoga no trate de abordar y mejorar, ya que somos una entidad biopsico-social a la que nos ofrece métodos fiables y largamente experimentados para equilibrar los distintos elementos que nos configuran, con la certeza de que, cuanto mejor nos encontremos psicofísicamente, más energías tendremos para avanzar en la senda que se dirige hacia la liberación y la sabiduría. También, hacia la verdadera compasión, para alcanzar lo que me gusta resumir como «una mente clara y un corazón tierno». Un gran beneficio, no solo para uno mismo, sino también para todas las criaturas vivientes o al menos para aquellas con quienes nos relacionamos al conseguirlo.

En esta tetralogía sobre los grados del yoga (Yoganga) de la que me estoy ocupando, recojo básicamente enseñanzas de Patañjali, además de incluir otras afines, que me sirven para amplificar y enriquecer las que ofrece el sabio al respecto, que a veces son muy escuetas, aunque sean valiosísimos «botones de muestra», para profundizar. No quiero limitarme a referir sucintamente lo que Patañjali nos apunta sobre estos ocho peldaños, que son los escalones que hay que pisar para lograr movilizarse hacia la cumbre, sin tenerla solo como una imagen o una ensoñación, sino como una realidad alcanzable, en la que uno pone todo su empeño, si su búsqueda se torna ardiente y no meliflua o puro flirteo pseudoespiritual.

Para alguien, como es mi caso, que lleva más de sesenta años en la difusión del genuino yoga, no deja de ser doloroso, por mucha ecuanimidad que uno tenga, comprobar hasta qué grado se ha falseado la enseñanza yóguica y cómo surgen muchas otras torpes o malintencionadas que quieren convencer al ignorante afirmando que el yoga clásico o genuino no es el oportuno para los occidentales. Sostienen que hay que darles un falso yoga desdibujado, que se ocupa solo de combatir el estrés, el insomnio, la ansiedad, la escoliosis y otros trastornos modernos (tan antiguos como la humanidad), sin procurarles verdaderos conocimientos y métodos de mayor alcance y significación, como el de lograr recuperar la mente y no sufrir y hacer sufrir a las otras criaturas por su galopante neurosis y sus tendencias perjudiciales. Por fortuna, en Occidente está surgiendo un movimiento serio y comprometido con el verdadero yoga, que incluso podrá restituirlo a la India, donde ha sido más adulterado, mercantilizado y corrompido, hasta tal punto que en la propia patria del yoga se hace diferencia entre el auténtico, denominado *Yug*, y el pseudoyoga, denominado «yogá».

Como decíamos, aunque de una forma sucinta, Patañjali nos ofrece claves con las que seguir profundizando y obteniendo valiosísimos conocimientos y experiencias yóguicos de una manera saludablemente adogmática, sugiriendo más que imponiendo, brindándonos brújulas para el ascenso a la cima de la consciencia y más allá de la consciencia ordinaria. Un buen número de textos (tales como *Bhagavad Gita*, las *Upanishads* yóguicas, los *puranas*, *shastras* y *tantras*) no dejan de aportar conocimientos y técnicas a lo largo de la historia del yoga y, esperemos que pueda ser así en el futuro y que no solo haya autores o especialistas cuyo ánimo esté en imaginar asanas cada vez más enrevesados... e inútiles.

Hay otras muchas contribuciones que pueden hacerse y cada día se van traduciendo valiosos e inspirados textos, que aún estaban celosamente sepultados. Así, cada vez se acumulan más enseñanzas yóguicas y disponemos de más textos clásicos de los que obtener instrucciones y métodos para complementar y enriquecer los *sutras* de Patañjali. A veces, el caudal de conocimientos y técnicas derivadas del yoga son tan amplios y difusos que se llegan a convertir inevitablemente en confusos, ya que los hay para todas las aspiraciones, motivaciones y niveles de consciencia, siendo necesario un claro discernimiento para cribar, seleccionar, aceptar y descartar. Esto también forma parte del *saddhana* o disciplina espiritual y del trabajo que debe llevar a cabo con rigor y motivación un buscador. Aunque la corriente del yoga moderno no lo vea o quiera ver así, esta disciplina milenaria nos ofrece todas las enseñanzas y procedimientos que nos permiten realizar un trabajo interior de transformación y evolución. Esta es una de las razones por las que incluyo en esta obra un apéndice en esa dirección, convencido como estoy de que Patañjali le daría la más sentida bienvenida, pues, como he declarado en no pocas entrevistas que me han hecho, estoy convencido de que, si levantara la cabeza y viera en lo que ha derivado el mal llamado yoga moderno, volvería a morirse en muy poco tiempo, al no poder superar la sorpresa. Sin embargo, por muchos e inadecuados derroteros que tome el yoga, este cuenta con una sólida tradición que no se puede burlar alegremente y con una gran cantidad de valiosos textos (como el *Vijñana Bhairava Tantra*, el y los *Shiva Sutras*) que preservan la naturaleza genuina de esta disciplina milenaria.

Cuando en enero de 1971 abrí el centro de yoga y orientalismo Shadak, lo hice con la firme e insobornable intención de mostrar un yoga auténtico, tal como lo han venido enseñando los grandes maestros desde la más remota antigüedad, sabiendo que, aunque la teoría es valiosa, la práctica es imprescindible. Muchos años después, tuve la fortuna de que Agustín Pániker se colase en mi vida o yo me colase en la suya, para comenzar a publicar en la Editorial Kairós. En aquel entonces, me hubiera contentado con tener un libro en su fondo editorial, pero la relación profesional y de estrecha amistad, que se sigue manteniendo a través del tiempo, ha permitido que sean muchos los libros que he publicado bajo su riguroso sello editorial.

Entre mis obras en la Editorial Kairós, todas escritas con gran entusiasmo y motivación, no puedo dejar de destacar dos de ellas, pues contienen un enorme caudal de sabiduría, tanto hindú como budista, y no porque yo los haya escrito, sino porque para esas obras entrevistamos a un gran número de sabios, yoguis y maestros. Me refiero a *Conversaciones con yoguis* y a *Conversaciones con lamas y sabios budistas*. Yo mismo las leo y releo, porque almacenan enseñanzas milenarias y muy fiables, que necesita toda persona que quiera ir más allá del conocimiento ordinario, como el explorador requiere un mapa o una brújula.

RAMIRO CALLE
(www.ramirocalle.es)

1. La escalada espiritual

El yoga es una senda ascendente y descendente, y este no es un juego de palabras, ya que es ascendente en cuanto trata de ascendernos a un estado tan superior de consciencia que sobrepasa a la consciencia ordinaria. Es descendente porque nos conduce hacia lo más íntimo y medular de nosotros mismos, a nuestra esencia más pura o lo que se ha denominado «el núcleo del núcleo». El sabio, codificador y sistematizador Patañjali nos brindó un excelente manual para la autorrealización y la emancipación, basándose en enseñanzas y métodos muy anteriores a él, en los que hay conocimientos y técnicas del yoga, el *samkhya* y, por supuesto, el jainismo y el budismo, pues Mahavira y Buda fueron grandes yoguis que también se basaron en enseñanzas anteriores a ellos, aunque luego incorporaron las propias.

He leído, releído y, en lo posible, he practicado las enseñanzas de Patañjali desde adolescente, sin demostrar interés por los aforismos que se extienden demasiado sobre los *siddhis* o poderes ocultos, aunque el mismo autor del tratado nos advierte que son un obstáculo en la senda hacia a la emancipación. Forman parte de una retórica teñida de magia y superstición, mencionada en numerosos textos yóguicos y tántricos, entre los que destacan los del Hatha-Yoga, en los que a veces se le presenta como una estrategia mágica que permite alcanzar la inmortalidad del cuerpo o por lo menos una gran longevidad y salud, sin considerar lo que se suele decir con cierto humor: «Los yoguis también enferman e incluso a veces mueren». Además, todo esto es una forma de incentivar al descreído y alentarle para que pruebe algunas técnicas. Ese repertorio de *siddhis* que expone Patañjali no implica que su manual de autodesarrollo no sea de mucho valor, lo más triste es que muchas corrientes de yoga moderno lo hayan ignorado en su obsesión por la ejecución de los asanas.

En cierto modo, Patañjali propone la larga marcha hacia la autorrealización y la emancipación definitiva (el *kaivalya* o aislamiento del sí-mismo o *purusha*) como una escala espiritual, que no es solo una metáfora, porque hay que ir trepando, peldaño a peldaño, para conseguir una experiencia muy profunda y transformativa, que viene dada cuando se obtiene un tipo de mente distinta a la ordinaria, que reporta un especial tipo de conocimiento que tampoco es el habitual.

Este conocimiento liberador solo es posible cuando se disipan los velos de la mente y se supera su ignorancia básica, causa de tanto sufrimiento, y se conquista la sabiduría liberadora, que permite ver lo que es tal y como es, pero no como creíamos que era. De este modo, de la ignorancia se traslada uno a la clara consciencia y de la orilla de la servidumbre se cruza a la de la libertad. Patañjali nos ofrece instrucciones y métodos para poder llevar a cabo esta escalada y nos previene sobre los impedimentos y obstáculos que puedan surgir, así como nos descubre cuáles son los aliados que podemos utilizar. Toda ascensión tiene sus riesgos y requiere un esfuerzo, mucho más la de orden espiritual, que conduce a la persona hacia el lado de la mente libre de condicionamientos y capaz de alcanzar la visión que transforma y libera. ¿Libera de qué? Debemos aclararlo ya mismo: del sufrimiento inútil, de las ataduras que nos generan el apego y la aversión, de la enajenación causada por el discernimiento oscurecido, al dejarnos capturar por lo ilusorio dando la espalda a lo real, y, en suma, del absoluto desconocimiento de nuestra verdadera naturaleza, así como de la identificación con falsa personalidad, que nos atrapa en la ignorancia, en los comportamientos insanos y en el dolor sobre dolor.

Sabemos que no alcanza con pronunciar la palabra «luz», para que la lámpara se encienda, sino que hay que accionar el interruptor, del mismo modo, no basta con acumular muchos conocimientos yóguicos si no consolidamos la práctica. Hay una senda que hay que recorrer y que requiere, como nos asevera Patañjali, esfuerzo y práctica, así como el ánimo y la motivación suficientes para avanzar espiritualmente.

Debemos saber que hay tres tipos de practicantes: el ligero, el moderado y el intenso. Por supuesto, este último, así como el que persevera, tiene muchas más posibilidades de acceder a la liberación que el que no persevera, incluso se nos hace saber que algunos nacen con una clara y afortunada precisión ¿kármica? para conseguir la escalada con mucho éxito. Asimismo, la doctrina budista nos dice que hay budas que lo son desde su nacimiento, pero la mayoría de los mortales no estamos en esa condición y, por lo tanto, necesitamos enseñanzas, métodos, manuales y mapas para conseguirlo, sabiendo que a veces esa tan prometedora y difícil búsqueda es como caminar por el filo de la navaja.

Esfuerzo y práctica

¿Hay algo que pueda conseguirse sin esfuerzo y sin desplegar la capacidad de la voluntad? Toda actividad, ya sea artística, deportiva, profesional, personal, requiere de esfuerzo y de energía. Esta energía es muy valiosa para el yogui y muy necesaria para erradicar de la mente las tendencias nocivas de la ignorancia y para cultivar las beneficiosas de la sabiduría.

Por eso, Buda declaraba:

No conozco nada tan poderoso como el esfuerzo para superar la pereza, la indolencia y la apatía.

Un yogui que conocí en la India, Probod Mitra, al que también entrevisté, decía:

En la extremidad del esfuerzo aparece el esfuerzo sin esfuerzo.

Es decir, el esfuerzo natural y fluido, que es el resultado de una disciplinada práctica (*sadhana*).

Los peldaños

Considero que es importante recordar cuáles son los grados o peldaños que recoge Patañjali y en los que hay que apoyarse para llegar a la cima de la consciencia, para acceder a una conciencia pura y sin afectación, una experiencia del Ser, que puede expresarse de diversos modos, pero que es irreductible al concepto. Los siete primeros grados o peldaños nos conducen, si se observan con precisión y se mantiene la práctica inquebrantable, a ese octavo que es el *samadhi*, que consigue la experiencia de la cúspide de la consciencia y la emancipación, donde uno se establece en su real naturaleza.

Estos grados son:

• *Yama*
Conjunto de reglas de autodominio y virtud o ética genuina.

• *Niyama*
Orientaciones y regulaciones para cultivar la purificación y la sabiduría.

En el cuarto volumen de nuestra tetralogía de la colección Patañjali, nos ocuparemos muy a fondo de *yama* y *niyama*, que son las disciplinas éticas imprescindibles en la senda del autodesarrollo y de la evolución de la consciencia.

• *Asana*

Postura corporal, preferiblemente confortable, estable e inmóvil, propia para la meditación, para llevar a cabo las técnicas de introspección.

• *Pranayama*

Control respiratorio, utilizando la respiración como una herramienta de control psicosomático y de evolución consciente.

• *Pratyahara*

Sustraerse a la dinámica de los sentidos, desconexión sensorial y vaciamiento mental.

• *Dharana*

Concentración. Fijación y unidireccionalidad de la mente (*ekagrata*).

• *Dyana*

Meditación. Profundización en la concentración. Abstracción.

• *Samadhi*

Estado muy superior de consciencia. Entendimiento profundo y correcto. Experiencia de unidad e iluminación.

Los dos primeros grados representan la disciplina ética; los dos siguientes, la disciplina psicofísica; *dharana* y *dhyana*, la disciplina mental. Todos estos peldaños conducen al *samadhi*, que es también la conquista del discernimiento puro y de la desidentificación con lo que no somos para establecernos en lo que somos en realidad y nunca hemos dejado de ser (el Sí-mismo o *purusha*). No se trata, pues, como en otras doctrinas yóguicas, de la unión del Atmán (ser) con el Absoluto o Conciencia Cósmica (Brahmán), sino de la separación de la sustancia material (*prakriti*) para recuperar la realidad más íntima y que presupone la emancipación (*kaivalya*). No pasemos por alto que el Yoga y el Shamkya son hermanos gemelos, que han estado tradicionalmente vinculados, formando parte ambos de los distintos puntos de vista filosóficos (*darsanas*).

La conquista del *dharana*, *dhyana* y *samadhi* se denomina *Sanyama*. Se va produciendo una completa purificación psicomental y el órgano psicomental se libera de las tendencias inconscientes nocivas y esclavizantes, lográndose un control de los torbellinos mentales que permite la cognición-percepción, autopercepción altamente transformadora y liberadora.

La observancia adecuada de los grados de Patañjali implica un muy profundo proceso de purificación indiscutible, que no hay que entender en absoluto con una connotación religiosa, que para muchas personas puede ser, por esto, provocativa, sino como un proceso de drenaje o reorganización psíquica que elimina incluso el fango o la infección del inconsciente.

Por lo tanto, brinda al que lo realiza un discernimiento más preciso, lucidez mental, sosiego, contento interior, unificación mental, sano autodominio y una actitud de sabia ecuanimidad.

Al conseguir desidentificarse de los procesos psicomentales, se logra una muy especial presencia de sí mismo, que, de acuerdo con el yoga de Patañjali y otras corrientes yóguicas, es la auténtica emancipación. Pues de ese modo se obtiene una condición diferente a la humana habitual, en el sentido de que uno quiebra las cadenas de apego y aversión, con todo lo que esto conlleva, descodificando la vasta estructura del ego, logrando acabar con el miedo a la finitud o a la muerte, así como con el ansia compulsiva por la vida y por perpetuarse. Desde ese momento, uno es invadido por una paz infinita e inexpresable que podemos al menos imaginar o presuponer, pues el espectador deja de ser atrapado por el espectáculo, de la misma manera que por muchas desgracias que haya en la película, la pantalla no se deja afectar por estas.

De acuerdo con la aseveración de Krishnamurti, el observador es lo observado, pero eso es quedarse aún en el principio, pues, más allá del observador o espectador, el sí-mismo recupera su prístina naturaleza y no puede ser afectado. En la meditación profunda, se logra que el sujeto, el objeto y el proceso sean uno, pero luego se va más allá y el uno es el sí-mismo independiente, ya que lo demás es sustancia material. Para restablecerse en el sí-mismo, Patañjali y otras corrientes yóguicas le dan la bienvenida a todo lo que pueda ayudar en ese proceso y no rehúsan enseñanzas o métodos que son válidos para las diferentes laderas de la montaña, que conducen a la cima o por lo menos nos aproximan a ella.

El observador despierto o el testigo imparcial no se dejan despistar por la vida o por la muerte, ni aturdir por los cambiantes acontecimientos, ni siquiera afligir porque todo es transitorio o impermanente y, por lo tanto, sometido a un tipo inevitable de sufrimiento. Se deja de lado la falsa personalidad para radicarse en la verdadera naturaleza, lo que no quiere decir que lo ilusorio no cause dolor, pues hasta Ramana Maharshi lloró por la muerte de su amada vaca Laksmi y es muy significativa la siguiente historia:

> Aquel sabio que no dejaba de predicar desapego y que cierto día murió su hijo y se puso a llorar desconsoladamente, tanto que los discípulos se avergonzaban y le sugirieron:
>
> –Apártate un poco para que la gente no te vea, pues llevas toda la vida predicando que todo es ilusorio y ahora no dejas de llorar.
>
> Y el maestro repuso:
>
> –¡Pero es que es muy doloroso perder un hijo ilusorio en un mundo ilusorio!

Sin embargo, cuando hay verdadero conocimiento, firme ecuanimidad, aceptación de lo inevitable, transformación interior y asentamiento en el sí-mismo, las tragedias y comedias de la vida se toman con una actitud distinta. Hasta las tendencias más enraizadas en el subconsciente se liberan para agotar su impulso, ya que cuantas menos cadenas, más cerca se está de la liberación.

El silenciamiento de la mente es muy difícil y más aún desidentificarse de las actividades psicomentales. Sin embargo, en la medida en que el apego y la aversión van trascendiendo y se debilitan las reacciones egocéntricas, es más fácil lograrlo, pues las asociaciones mentales están menos condicionadas por esas tendencias y muchos obstáculos se pueden superar. Aunque es posible cambiar, como cambian los estados de la consciencia, el espectador permanece.

La postura, los ejercicios respiratorios, el *pratyahara*, la concentración y la meditación, cooperan en ese desplazarse de las vestiduras periféricas, que nos acercan más a lo real, es decir, del no ser al ser. Hasta Patañjali nos propone la adoración al Divino como un medio de acallar la mente y restablecerse en el sí-mismo, pero no debe entenderse la figura de Ishvara o Dios como la que tienen y retienen las religiones monoteístas. El yogui puede ser teísta o ateo, creyente o agnóstico, puesto que las técnicas son para todos y lo esencial son las experiencias y no las creencias. Por lo tanto, seguimos teniendo presente ese conocido adagio del yoga que afirma: «Vale más un gramo de práctica que toneladas de teoría».

2. Los impedimentos

Debemos destacar que, de acuerdo con Patañjali, el más básico impedimento es la identificación con las modificaciones de la mente, que a toda costa quiere que el practicante inhiba para que surja un tipo de percepción liberadora, que no puede darse en la mente ordinaria y sometida a la ignorancia básica.

En el viaje hacia la liberación, encontraremos obstáculos e impedimentos, pero debemos tener la firme convicción de que ningún esfuerzo se pierde y que los propios obstáculos nos ayudan a actualizar nuestro mejor potencial interno. El secreto está en no desfallecer y en no perder la motivación que nos estimula y nos impulsa para no dejar de practicar.

El mayor obstáculo palpita en nuestra propia mente y en sus continuas modificaciones o fluctuaciones, que nos distancian de nuestro sí-mismo o del testigo inmaculado (*purusha*). Por esto, la necesidad de superar los obstáculos, aplicar el esfuerzo correcto, frenar e inhibir las modificaciones mentales y conquistar una consciencia libre de ignorancia y engaños. Es decir, de lo ilusorio (*maya*) que tanto nos identifica ciega y mecánicamente con todo lo que no es nuestra auténtica quintaesencia. Como le decía el mentor a su discípulo: «Te preguntas dónde está el sol y te pones de espaldas al mismo».

Las propias funciones de la mente, hasta que se purifican y reeducan, subyugándolas, son también obstáculos en el viaje hacia el sí-mismo. Las funciones como la memoria, la imaginación y otras que no suministran informes claros y que incluso turban el discernimiento y no le permiten brindar el poder de distinguir entre lo real y lo irreal, entre el ser y el no ser, originan ofuscación, apego y aversión, y nos convierten en esclavos aturdidos de nuestros órganos sensoriales. Por lo tanto, del conocimiento erróneo solo surge conocimiento erróneo y, entonces, tanto la percepción como la autopercepción se falsean y la identificación con aquello que justo no somos nos impide tomar el camino directo hacia lo que está más allá de la mente caótica, llena de apegos y aversiones, centrada en el tiránico ego.

La memoria incontrolada nos engancha a un pasado que ya es un sueño; la imaginación sin subyugar nos proyecta a un futuro que es un espejismo, y al final ni vemos con claridad lo que transita en el momento presente y no somos capaces de hallar el centro del laberinto, que es ese sí mismo (*purusha*) libre e independiente. Sin embargo, es el esfuerzo sabiamente mantenido, la práctica oportuna y el desapego, los que nos ayudarán a abrir un pasadizo para acceder a la mente clara y libre. Para esto, es necesaria la meditación, entre otros métodos, así como lograr una mente «nacida de la meditación» que sea fiable y solvente, una ayuda y no un obstáculo en la senda hacia la emancipación (*kaivalya*).

Entre los obstáculos o impedimentos, están:

La ignorancia básica

La mente está velada y no tiene capacidad para ver más allá de lo ilusorio y descubrir la realidad tal cual es, lo que representa la verdadera sabiduría y no un conocimiento parcial, fragmentado, que no permite la comprensión clara y profunda. Los velos son numerosos y por citar algunos de ellos: creencias, viejos patrones, juicios y prejuicios, reacciones egocéntricas y otras muy similares. Esa ignorancia básica genera un universo ilusorio que añade sufrimiento al sufrimiento y frustra la evolución interior. La mente se mueve en el ámbito de la ilusión engañosa y ve aquello que no es, en verdad, sin lograr salir de su laberinto hasta que uno comienza a trabajar seriamente por conseguirlo y pone en marcha todas las técnicas prescripciones y estrategias psicofísicas y psicomentales.

El egocentrismo

Detrás de las innumerables tendencias nocivas está el ego, que alimenta las inclinaciones de apego y odio e incrementa la ofuscación o la visión incorrecta. Se da origen a una falsa personalidad y a todo tipo de conflictos. Al estar centrado en la falsa personalidad, en lo adquirido y en lo no real, a mucha distancia de la auténtica esencia, la persona vive en una construcción que ha hecho de sí misma, de espaldas a la esencia que es su núcleo.

Todas las verdaderas enseñanzas espirituales insisten en la necesidad de desmontar esa falsa personalidad, ese espeso velo que le impide a uno vivirse y sentirse tal cual es y que solo crea diferencias innecesarias y perturbación. Sin embargo, a causa de un enfoque incorrecto, tomamos lo que no es por lo que es, ignorando lo que es, como si una persona creyera que las prendas que lleva puestas son su propio cuerpo. Se produce un fenómeno de identificación, como el actor que se cree el personaje que interpreta y pierde la consciencia de sí. El ego se interpone entre el observador y lo observado, ya que es un farsante con un gran poder, porque nos identifica con el cuerpo, la mente, la patria, la familia, el nombre, la forma, etcétera. Hay una anécdota ilustrativa:

En una ocasión un discípulo le peguntó a su maestro:
–¿Qué es el yo?
Y el mentor le repuso:
–¿Y para qué quieres un yo?

El apego

En relación con el ego, cuya visión es tan limitada, surgen la ofuscación, el apego y la aversión, que a su vez dan lugar a otras muchas tendencias nocivas y obstaculizantes. El apego es aferrarse, una tendencia compulsiva o un deseo vehemente, y es causa de miedo y de sufrimiento. Crea ligaduras y roba la libertad interior, sobre todo cuando el apego se vuelve incontrolado e impide ver y tomar las cosas como son. El apego es una cadena que ni siquiera para los sabios es fácil de debilitar y menos de superar.

El apego a la vida y a la muerte, a lo material y a lo inmaterial, a las opiniones, a las sensaciones gratas, a las personas y a uno mismo. Solo mediante la comprensión muy profunda de la impermanencia y de la auténtica identidad es posible aflojar los grilletes del apego. Se requiere un gran trabajo interior para poder debilitar el poder de los *samskaras* y *vasanas*, o sea de las tendencias del inconsciente.

La aversión

Es un apego invertido. Así como lo que nos gusta nos atrae, aborrecemos lo que nos disgusta y se crea el proceso de la aversión. De este modo, estamos inmersos en un viciado circuito de apego y aversión que da lugar a que nos aferremos al odio. No es fácil saltar fuera de ese circuito, y solo es posible hacerlo mediante la práctica de la meditación, del discernimiento claro, de un empeño constante, de la captación de la transitoriedad, la ecuanimidad y la aplicación al sí-mismo, para lograr despegarse del ego.

El miedo a la muerte

El sabio supera el apego obsesivo a la vida, a la necesidad compulsiva de perpetuarse y al miedo a la muerte. Vive con sosiego y plenitud, pero sin miedo a ser arrebatado por la muerte, tal es su capacidad de honda comprensión y fecunda aceptación. La muerte se torna una consejera y una ayuda en el noble arte de vivir. Sin embargo, hasta los más intrépidos y los más sabios tiemblan ante ella: así es el poder del ego. Por eso hay una instrucción que expresa: «Si matas el ego, ¿quién hay para morir?».

La identificación del testigo con lo atestiguado

El cristal puede reflejar un color, pero eso no lo empaña ni contamina, pues el espejo muestra, pero no conserva ni retiene. Lo mismo sucede con el sí-mismo, esa quintaesencia independiente, pero que, por un error de óptica y de falta de visión penetrante, identificamos con aquello que vive o siente, pierde su independencia y, entonces, el espectador se convierte en lo reflejado y surge la ligadura y la servidumbre.

La consciencia se contamina por una ignorancia básica y el individuo se cree que es lo que no es, y no se establece, como enseña Patañjali, en su naturaleza real. Parte de ese distanciamiento de la naturaleza real, se debe a las interferencias generadas por la mente llena de ideaciones, pero si cesaran un momento, hay otra manera de percibir, de ser y de verse. De acuerdo con la filosofía hindú, termina parte del karma y, con ello, parte del sufrimiento, entonces se resuelven los enredos mentales que dan lugar a todo tipo de ilusiones dolorosas.

Las impregnaciones del subconsciente

Los hilos que nos controlan desde el subconsciente son invisibles, pero muy poderosos. Nos llevan por donde quieren hasta que logramos agotar su impulso o una parte de él, para desarrollar a nuestro soberano interno. Son la causa de nuestra esclavitud, dolor, angustia y muchas limitaciones. Esas poderosas fuerzas internas inconscientes pueden convertirse en nuestros peores enemigos, aunque también en nuestras aliadas o amigas. La psicología occidental está en pañales con respecto a la psicología de la India, aunque la arrogancia occidental nos impida verlo en un acto de generosa humildad. El yoga más antiguo ya era conocedor de esas fuerzas confusas del subconsciente y del inconsciente. El trabajo del yogui consiste en debilitar las fuerzas hostiles e incluso evitar su dinámica, como lo ha sabido ver muy bien Mircea Eliade, pero muy pocos más.

El yoga es una técnica de contramecanicidad para que recuperemos nuestra libertad, pero el juego de los *vasanas* y *samskaras* es muy complejo, porque cada *samskara*, si reaccionamos, crea otros y así hasta el infinito. Hay *samskaras* de la evolución de la especie y otros que forman parte de nuestra historia psicológica. Mirar sin reaccionar, con máxima ecuanimidad, como nos enseña la meditación *vipassana* es una forma de agotar su impulso, pero también de inhibir los pensamientos y cortar las asociaciones mentales. Los ascetas sagaces e informados procedían a cambiar esa dinámica mediante la práctica, aunque por ignorancia se ha divulgado que trataban de mortificarse y nada más. Los tántricos genuinos también utilizaban métodos para superar el miedo, la repugnancia y los automatismos de rechazo.

El término «purgar» es sugerente, aunque tampoco se utiliza con la suficiente claridad, pues es limpiar, como cuando uno tomar un purgante para limpiar su cuerpo intoxicado. Como la mente está intoxicada, hay que purgarla, limpiarla, armonizarla, sanearla y un medio para ello es el *pratyahara* y el *dharana*.

La dispersión mental

La dispersión mental debilita la mente, impide la concentración y la visión penetrante, capaz de ir más allá de las apariencias, disemina y confunde. Entonces parte de la fuerza de la mente se pierde y la asaltan todo tipo de tendencias indeseadas, pensamientos nocivos y otras alteraciones.

Son numerosas las técnicas que en el yoga ayudan a unificar la consciencia y ponerla bajo el control de la voluntad. Estas técnicas han estado siempre muy arraigadas en Oriente, donde se ha considerado tanto el poder benéfico o maléfico, constructivo o destructivo que pueden tener los pensamientos, pero que pueden en parte dominarse separándose de ellos, erradicándolos o transformándolos.

La enfermedad y la debilidad física

Aunque no siempre es así, cuando hay debilidad física y además enfermedad, resulta más difícil mantener el ánimo estable y firme. Por eso, el yogui no menosprecia su cuerpo y lo atiende en su justa medida, sin obsesión, sin rendirle culto, con esmero y, al mismo tiempo, con desapego. Respeta las distintas fuentes de energía: alimentación pura, respiración correcta, sueño reparador, ejercicio adecuado, contacto con la naturaleza, pensamiento constructivo, emociones sanas, amor al silencio, tratar con personas sensitivas y bondadosas, acción correcta y muchas otras. Todo esto con una clara consciencia de que el cuerpo terminará decayendo y que habrá que aprender a soltarlo.

La indolencia

La indolencia o dejadez es una enemiga de la disciplina y el trabajo interior, por lo tanto, hay que robustecer esa otra musculatura más sutil que la física, que es la psíquica. No abandonarse a la pereza o a la desidia forma parte esencial del *sadhana* (entrenamiento), pero hay que saber respetar los propios ritmos y no excederse en el esfuerzo, malgastando todas las fuerzas.

El yogui debe aprender a dosificar sus energías, acumularlas cuando sea preciso y emplearlas de manera sabia, pero nunca desaprovecharlas inútilmente. Todos los sistemas de autorrealización valoran mucho la capacidad para vencer la pereza y la apatía y, para ello, recurren a dos grandes aliadas: la motivación y la voluntad. Cuanto mayor sea la motivación, más fácil será que se libere la voluntad, ya que llama a más voluntad como la desidia a más desidia. Un gran místico sufí se dirigía a sus discípulos así: «Miradme a mí, soy un esclavo de mi propia intensidad».

Otro maestro cogió a su perezoso discípulo y le introdujo la cabeza en el agua durante un rato. Luego le preguntó:

–¿Qué has sentido?

–Un anhelo enorme de sacar la cabeza y respirar.

Y el maestro concluyó:

–Pues si tuvieras ese mismo anhelo de liberación, ya estarías liberado.

Todos pasamos por momentos de abatimiento o desfallecimiento en el trabajo interior, pero si logramos mantener viva la llama de la motivación, seguiremos apoyándonos en la disciplina, que es nuestra gran balsa.

La duda escéptica

La duda es constructiva y necesaria, pues activa el discernimiento y nos permite sopesar, constatar, discernir y tomar la dirección oportuna. Buda recomendaba experimentar, y si algo te ayuda espiritualmente, lo incorporas a tu vida y, si no, lo descartas. Pero hay que servirse de la duda razonable y no de la sistemática y desertizante, que te impide incluso probar y estar en apertura y colapsa las mejores energías y motivaciones. La duda no tiene que tomarnos de tal manera que ni confiemos en la enseñanza ni en nuestras facultades para poder seguirla.

El desasosiego

¿Por qué es tan importante el sosiego? Es tan importante, que tengo escritos dos libros dedicados al tema: *La filosofía del sosiego* y *La ciencia del sosiego*. No solo es una experiencia de calma intensa y reconfortante que deja una bella impregnación anímica, sino que cuando está presente uno piensa mejor, deduce mejor, reacciona mejor y procede mejor, porque la quietud es buena para la mente y las emociones, así como para las palabras y los actos.

Desde una mente calma y clara, todo se percibe y se conoce de otra manera, hay otra actitud, el discernimiento es más fiable, hay menos turbación y confusión. Así como de la ansiedad surge ansiedad, del sosiego se difunde sosiego, pero hay que ganarlo y cultivarlo.

El yoga nos ofrece muchos métodos para obtener paz interior, claridad mental y visión profunda, pero para ello hay que superar las interferencias mentales y deshacerse de condicionamientos. Por un lado, se debe limpiar el subconsciente y, por otro, se activa la consciencia. Se pone el énfasis en entrenar la unificación mental, que se llama *ekagrata* y que es como un láser que llega a donde no puede hacerlo la atención dispersa y, por ello mismo, debilitada. ¿Cómo conseguir *ekagrata*? Para la mayoría de las personas solo es posible mediante un sólido entrenamiento en el que son de mucha importancia *pratyahara*, *dharana* y *dhyana*.

Desde el enfoque de la doctrina Samkhya, los impedimentos (*klesas*) son sostenedores de las cualidades (*gunas*), deseos (*rajas*) e inercia (*tamas*), pero en la medida en que son neutralizados, se va instalando en la mente *sattva* (armonía y pureza).

3. Los aliados

En la senda para actualizar las potencias internas, surgen obstáculos e impedimentos, que son una oportunidad para superarlos. Como contrapartida, disponemos de aliados que nos pueden ayudar y de los que podemos echar mano aun en las situaciones más complejas. Entre otros, contamos con los que detallamos a continuación.

Los grados de Patañjali

Los grados que ofrece Patañjali ya son en sí mismos de enorme utilidad y ayuda para llevar a cabo el trabajo interior, encontrando la forma y la voluntad para realizarlos. Son el itinerario para desplazarse de la mente ignorante a la sabia o, siguiendo el símil de Buda, cruzar de la orilla de la servidumbre a la de la libertad.

Los ocho grados se convierten en la barca para cruzar y se alían unos con otros para hacer posible el abordaje del *samadhi* común primero y después del *samadhi* definitivo. No investigaremos ahora en el paralelismo entre los ocho grados y el Noble Óctuple Sendero de Buda, ni de las influencias del hindú recibidas del budista, pues anteriormente fue Buda el que aprendió de dos grandes maestros de yoga hindúes. Entre todas las enseñanzas para la liberación hay coincidencias, así como recíprocos y afortunados aportes o independientes descubrimientos que conducen a lo mismo, de igual forma que hay métodos yóguicos en el sufismo y en el cristianismo oriental.

Los ocho grados de Patañjali son como una fiable cordada para la escalada espiritual, ya que si recogió los cientos de años anteriores a él es porque demostraron su solvencia y eficacia. Algún maestro me ha llegado a decir: «Son como un Catón para el neófito». Pero no cabe duda de que si se cuenta con un preceptor es mucho mejor, por lo escueto de los *Sutras* y porque algunos pueden resultar crípticos para el principiante, hasta que logra ir descubriendo y experimentando su profundidad. Son, o deben ser, un manual práctico, aunque he encontrado un buen número de personas que casi se los sabían de memoria, pese a que no los habían puesto en práctica, lo que equivale a lo que con sentido del humor me decía un preceptor: «Hay quien puede pasarse la vida hablando de caviar sin haberlo probado».

Todos los grados son igualmente necesarios y se complementan para conseguir el *samadhi*. En el próximo volumen nos internaremos todo lo posible en esa experiencia irreductible a lo conceptual.

La meditación

La columna vertebral de toda la sabiduría oriental y, por supuesto, del yoga y de las enseñanzas de Patañjali es la meditación. Toda teoría o conocimiento es insuficiente y debe desembocar siempre en la práctica o *sadhana*, pues de otro modo no llega a ser transformadora y se queda a medio camino. En mis viajes por la India, ¡cuántos preceptores me han dicho: «El yoga es práctica y la práctica es yoga»! Se puede tener cualquier creencia o ninguna, seguir una u otra doctrina o ninguna, pero lo que no se puede dejar es la práctica, puesto que el yoga es método y los *Yoga Sutras* se incluyen en una precisa metodología espiritual.

La meditación es un entrenamiento mental para liberar la mente de sus tendencias nocivas y procurarle una percepción que es una sabiduría que conecta con la realidad y no con lo ilusorio y encadenante. Cada uno tiene que ir labrando su camino y descubriéndolo por sí mismo, pero se requieren herramientas para sosegarse, esclarecerse y obtener una compresión clara, y en ese punto la meditación desempeña un importante papel.

La sabia discriminación

Aprender a ver, discernir y proceder: es una constante en la sabiduría oriental, porque si la visión no es clara y el discernimiento es torpe, la acción será inconveniente y puede resultar nociva para uno mismo y para los demás.

Los trucos de la mente generan confusión, desorden y una masa increíble de sufrimiento. La mente sin luz y sin claridad es confusión y dolor, porque no ve lo que es y se deja aturdir por engaños o espejismos que conducen a la desdicha. En este caso, es muy significativa la historia de la paloma que se cuela al amanecer en un templo de paredes espejadas. Recordémoslo.

El sacerdote del templo antes del amanecer ha colocado una rosa en el sanctasanctórum y esta se refleja innumerables veces en las paredes espejadas del templo. La paloma desea aproximarse a la rosa y, tomando las imágenes por la realidad, va a hacia uno y otro reflejo, golpeando su frágil cuerpo contra los espejados muros del santuario, hasta que al final, herida de muerte, va a caer sobre la rosa verdadera, la rosa del conocimiento. Los maestros dicen: «No seas como esa paloma atolondrada. Ve directamente hacia la rosa y no hacia sus reflejos».

El discernimiento es una de las más preciosas funciones de la mente. Nos permite ver, distinguir, elegir o no elegir y actuar o abstenernos. Nos revela las cosas como son y se convierte en luz. Sin embargo, hay que trabajarlo, purificarlo, utilizarlo como un compañero. También requiere disciplina y aprendizaje, para que pueda ser una herramienta liberadora.

El desapego

Los antiguos textos indicaban que desde la mente parten dos caminos: el que conduce al sufrimiento y el que lleva a la dicho interior. En la vía del apego hay miedo, incertidumbre, dependencia y ligadura; en cambio, en la del desapego hay sosiego y bienestar.

El desapego no quiere decir en absoluto falta de reglas o no disfrutar, sino no dejarse atrapar por las sensaciones gratas ni hacerse un adicto y un siervo a las mismas. La ecuanimidad es la hermana gemela del desapego, de la que tanto he hablado en muchas de mis obras por ser la cualidad de cualidades, y que nace de la visión clara de que todo es mutable e impermanente, y entonces ¿a qué aferrarse?

El contento

Conocemos un tipo de contento muy limitado, que es el contento reactivo, es decir, aquel que depende de hechos y circunstancias del mundo exterior o de nuestro propio sub-consciente y de los muchos traumas, heridas, frustraciones y represiones que acarrea. Ese tipo de contento es muy variable y está sometido a toda suerte de circunstancias, muy a me-nudo incontrolables. Si alguien te quiere, te sientes un poco mejor; pero si no lo hace, peor, y así sucesivamente. No es un contento de fiar, pues es tan cambiante como el tiempo, que a cada momento puede surgir y desvanecerse, pero que no se mantiene.

Sin embargo, hay un contento al que hace referencia Patañjali y otros grandes sabios que no es reactivo, sino que surge de lo más íntimo y profundo de uno y nos impregna de dicha, incluso muchas veces cuando las cosas no sean como deseáramos. Es el resultado de una actitud adecuada, de un ánimo equilibrado, de haber podido superar muchos autoengaños y carencias y habernos reconciliado con nosotros mismos. Ese contento reporta también alegría, confort interior, afecto genuino y amistad, que son sentimientos que ayudan en la búsqueda interior y nos inspiran y confortan.

La concentración

Una mente concentrada, como dice Buda, es como una casa bien techada en la que no entran la lluvia, la nieve o el granizo. Es una mente de fiar y no un colador; es una amiga y no una enemiga. Es firme, puesto que no se tambalea ante el menor problema o dificultad, sabe permanecer estable y no difunde inútiles pensamientos, contradicciones o conflictos. Es una mente sujeta y bien dirigida. Aunque por lo general hay que entrenarla y vigilarla, sin dejar que se adueñe de uno mismo.

El autocontrol yóguico

No nos referimos a un control seco, rígido, autocoercitivo o represivo, puesto que la represión mutila nuestras energías, nos contrae y limita. Es un autocontrol basado en la atención y en la triple autovigilancia: la de la mente, la palabra y las obras. Consiste en ir aprendiendo a cultivar y despertar al espectador que no se implica tanto y que puede ver lo que está en uno y dirigirlo sin dejarse atolondrar. De esta manera, uno alerta la consciencia para darse cuenta de sus movimientos internos, sus reacciones y hábitos psíquicos, sus tendencias y sus actitudes. Uno se convierte en menos mecánico, pero sin perder espontaneidad; en menos compulsivo, pese a saber respetar sus dictados internos, hallando un comportamiento idóneo para uno mismo y para los demás.

La purificación del inconsciente

La mente está formada por estratos que se colorean recíprocamente, como los colores del arcoíris. La mente de la humanidad y de la evolución es profunda y no es solo la mente personal o egoica. Tiene una parte sumergida, pues es como un iceberg, no es fácil de conocer y menos de subyugar, ya que es diestra en artimañas, es decir, en engaños y autoengaños. He conocido yoguis que en soledad han observado durante años su mente para conocerla y dirigirla, porque es buena sierva, pero muy mala ama. En su trastienda, guarda todo tipo de códigos, impulsos, incluso esquemas prehumanos. Por un lado, está la historia evolutiva y, por otro, está la historia personal de cada uno. A menudo, se nos impone y puede llegar a arruinarnos la vida.

El trabajo sobre la mente es complejo, pero los antiguos yoguis, los primeros psicólogos del mundo, no se asustaron y ensayaron métodos para purificar la recámara de la mente, sin dejarse obnubilar por sus impulsos y contradicciones. No se fiaron de su mente como tal y menos de esas zonas oscuras, que al principio nos pasan tan desapercibidas. Por lo tanto, se investigaron para descubrir, ordenar e iluminar los estratos de la mente, como el subconsciente, el preconsciente y la consciencia, para acceder a la supraconsciencia y desencadenar una intuición liberadora.

La energía y la confianza

Se requiere mucha energía para dejar de ser el que no se es, pero se cree ser, y empezar a ser el que uno es realmente. ¡Gran paradoja! No somos las vestimentas o elementos que nos constituyen solamente y que son vehículos en nuestro paseo por el planeta. Según Patañjali, somos lo «otro», o sea lo que no es tan burdo, mudable, caduco. ¿Qué es lo otro? Es deber y derecho de cada uno descubrirlo por sí mismo, y por eso hay textos como los *Yoga Sutras* y muchos otros.

Desde la más remota antigüedad, ha habido en la India una constante inquietud por saber quién dio lugar a movimientos de *sadhus*, *sannyasins* y místicos en busca implacable del Origen, aun con riesgo para sus propias vidas. Si no hay confianza y energía en la enseñanza, es muy difícil seguir ese camino sin senda, que es la Senda.

El autoconocimiento y el examen de uno mismo

Saber qué hay que modificar en uno, qué aceptar y dar como bueno y qué cambiar o superar se consigue mediante el autoconocimiento. Sin embargo, para ello hay que mirarse, indagarse, descubrir incluso las intenciones más ocultas y disolver un gran número de autoengaños, falaces pretextos y justificaciones. No es fácil, porque la imagen, la autoimagen y la falsa personalidad tienden a servirse de enmascaramientos para engañarnos. Sin embargo, podemos utilizar la autoindagación, la mirada interna, el autoexamen y el discernimiento interiorizado. Cuando uno, al conocer, se va conociendo, está en mejor disponibilidad para saber qué tiene que transformar y qué tiene que realizar.

La atención a la respiración

Todas las técnicas de atención a la respiración son de gran ayuda para interiorizarnos, calmar y esclarecer la mente. Patañjali recomienda el control respiratorio, pero no es especialmente generoso en brindar enseñanzas y métodos. Reconoce, como no podría ser de otro modo, la importancia de la respiración, pero no profundiza, la daba por hecho y confiaba en que mentores y discípulos hicieran un buen trabajo. Después llegaron los hatha-yogui y lo hicieron, aunque cualquiera puede y debe hacerlo, dado lo mucho que ayuda atender a la respiración en el desenvolvimiento superior, así como en su sabio control. En el anterior volumen de esta tetralogía, *Asana* y *pranayama*, ya hemos profundizado en ello.

La entrega al divino

La mejor manera de entender lo que representa Ishvara es no compararlo con el dios de las religiones monoteístas. Sí entendemos que es superior al humano ordinario, pues no tiene sus limitaciones y está en el plano de la sabiduría y más allá del tiempo y del espacio, de lo conceptual o material es un dios. Pero no lo es como otros, porque es el dios de los yoguis, es el dios de Patañjali, el dios de los buscadores de lo inefable que necesitan un apoyo, una inspiración, una revelación, un confortamiento.

Sin embargo, lo esencial a efectos prácticos es que se puede convertir en soporte de la concentración y de la meditación, en una herramienta para lograr el *ekagrata* (unificación de la consciencia) y la conquista de estados superiores de consciencia, e incluso el *samadhi*. Además, cada uno tiene la libertad de representárselo como mejor le parezca y le ayude, como sea mejor su auxilio para ir logrando la inhibición de los pensamientos y la abstracción para sobrepasar la consciencia ordinaria. No se exige creer en él, ni siquiera utilizarlo, si el practicante no lo desea o necesita, pero está ahí para que aquel que quiera empatizar con él e incluso ayudarse de su energía.

Se le puede conectar a través del pensamiento o el mantra *Om*, a través de la entrega y de ponerse uno en sus manos, a través de la mente concentrada en ese poder revelador. Asimismo, los no-teístas lo pueden utilizar como herramienta de concentración y convertirlo en foco de atención. También es un símbolo, un icono, un referente. He conocido yoguis nómadas en la India que llevaban al cuello una figurilla que representaba a Ishvara sin preocuparse ni ocuparse de si creían o no, pero sabiendo que ayuda a direccionar la mente al concentrarse en él y que es un *sattva* de extrema pureza.

Hay gente que por desinformación cree que el yoga tiene mucho de teoría, pero en realidad es muy práctico y busca la manera de que todo pueda ser un medio para llegar al fin que es la liberación. La mente humana necesita reeducarse, reorganizarse, entrenarse, pues está bastante discapacitada y es torpe, muy torpe, a pesar de sus avances tecnológicos. Está enferma de dispersión, codicia y rencor. Hay que ayudarla con procedimientos que sirvan y que no se queden en la teoría. Por eso, hay un gran arsenal de técnicas en el yoga, se utilizan los mudras, la concentración en *yantras* y mandalas, los mantras y la concentración en Ishvara, si uno quiere realizarla. Un yogui me dijo en una ocasión: «En Ishavara hay algo de mí y en mí hay algo de Ishvara, aunque nunca supe si creo o no en él».

También, si es solo un mito, nos ayuda si sabemos utilizarlo para ir más allá del mito. «Esta marcha es muy difícil como para dejar de lado algo que nos sirva», me dijo un yogui occidental. Si uno se apega a la idea de Dios, está trabado, y se apega a la idea de no-dios, está estancado. El místico es otra cosa, porque está en otra dimensión, trasciende incluso cualquier idea y logra la denominada «conjunción de los contrarios».

Al Divino se le denomina con el mantra *Om*, el sonido primordial o sonido de Dios, que se instalaría con carácter muy definitivo en el hinduismo. Puede ser utilizado tanto por creyentes como por agnósticos y se convierte en un soporte para la concentración, que frena las ideaciones y estimula los sentimientos inefables. Esta vibración cósmica se interioriza y ayuda a pasar de la consciencia periférica a la más interna y profunda. En mi obra *Raja-Yoga* recojo ejercicios psicomentales, ayudados por el *Om*, y volveré sobre ellos en el volumen dedicado a *dhyana* y *samadhi*.

La renuncia

Saber renunciar es tan importante como saber aceptar lo inevitable y no malgastar inútilmente energías. Hay que renunciar a los pensamientos, emociones, palabras y actos nocivos para los demás y a aquello que genere ofuscación y odio. También, en lo posible, a acciones dañinas o violentas y a explotar o denigrar a los demás, abusar de ellos y utilizarlos. Esta es la renuncia inteligente y consciente.

La aplicación al ser

La indagación en aquello más genuino es en uno mismo, detrás de las capas que lo esconden es la aplicación al ser. Todos los grandes místicos han llevado a cabo este viaje de autodescubrimiento, sean cuales sean sus creencias y experiencias. El gran yogui contemporáneo Ramana Maharshi, entre otros, insiste en esta implacable y ardiente autoindagación para poder ir discerniendo entre lo que somos y no somos, lo que creemos ser, pero nunca hemos sido.

4. Entender y dominar la mente

Tanto la mente como el pensamiento son un gran misterio, y para entender a ambos no alcanza con estudiarlos académicamente. Cada uno tiene que investigar su mente, y al mismo tiempo dirigir el pensamiento, que es tan esquivo, también por sí mismo.

Por eso, la información que abordamos en este capítulo nos llega a través del yoga, desde tiempos muy remotos y nos puede ayudar a dilucidar los secretos de nuestra mente, investigándola, adentrándonos en ella, para tratar de ordenarla y ponerla al servicio de nuestro bienestar y de nuestro prójimo. No se trata de conocer la mente en la superficie, sino en lo más hondo, para sanearla y ponerla al servicio de la evolución humana. La mente se ha comparado con una espada de doble filo: te salva o te quita la vida. No hay duda de que, en la mayoría de los seres humanos de todas las épocas, la mente ha sido causa de problemas, y por eso se ha sostenido que genera dicha, pero también no poca desdicha. Por lo tanto, no es extraño que desde tiempos lejanos se hayan ideado y ensayado métodos psíquicos para equilibrarla y obtener lo mejor de ella. En las diversas técnicas de autorrealización se le concede mucho poder a la mente, tanto si es para perjudicar o para beneficiar, para ayudar o para entorpecer.

La antigua psicología india descubrió hasta qué punto la mente puede engendrar conflicto, así como unas tendencias muy nocivas y venenosas. Por eso, en la psicología oriental, hay decenas y decenas de tratados sobre la mente. Si todo se vive en el escenario de la mente, hay que sanearla y conocerla, y a ella hay que apuntar, como hace Patañjali y el Raja-Yoga para poder controlarla sin dejarse confundir por sus proyecciones, espejismos y todo tipo de engaños.

En principio y por lo general, la mente está agitada y dispersa, pese a que muchas veces tiene también momentos de concentración y de alguna calma. Solo mediante el *sadhana* es posible ir aprendiendo a subyugar la mente y a unificar la consciencia, para finalmente conseguir el tan anhelado *nirodha* o inhibición de las fluctuaciones mentales. Al principio, la mente es sumamente voluble, pero poco a poco, mediante el trabajo yóguico asociado a otros aliados, se puede obtener una mente más dirigida (*ekagrata*) y, por lo tanto, menos débil, dispersa y caótica. De esa manera, también hay menos agitación y más sosiego, pues de la serenidad nacen la claridad y la ecuanimidad, de este modo, la mente deja de ser un gran problema y un obstáculo.

Anthakarana

El órgano psicomental o *anthakarana* no hay solo que conocerlo académicamente, pues eso sería insuficiente en el ámbito del trabajo sobre uno mismo, también hay que conocerlo mediante la experiencia para aprender a utilizarlo en la búsqueda interior, liberándose de contaminaciones mentales, condicionamientos y trabas.

El *anthakarana* está formado por:

- *Buddhi* o inteligencia.
- *Manas* o mente ordinaria.
- *Ahamkara* o yoidad.
- *Chitta* o sustancia mental.

Buddhi se puede purificar y perfeccionar, utilizándolo como una especie de espejo reflectante del sí-mismo, para despertar así un tipo de inteligencia primordial que está más cerca de la intuición que del razonamiento lógico, que es de por sí tan limitado. Está asociado al discernimiento y es como un diamante en bruto que puede pulirse y abrillantarse para que ofrezca un conocimiento más directo y penetrativo, colaborando en el proceso de la autorrealización.

Manas es la mente receptora, conectada con los cinco órganos sensoriales y con los de la acción. El practicante puede aprender a estar más atento y perceptivo para no dejarse encadenar por la acción sensorial y, por supuesto, ejercer un dominio sobre esta.

Ahamkara es la función del ego y, en consecuencia, la base de la personalidad. Hay que evitar que se sobredimensione y mantenerla bajo sospecha y control. Requiere un largo entrenamiento poder descubrir los autoengaños, las mentiras y falsedades del ego, que conspira contra uno en la larga marcha de la evolución y se sirve de todas las artimañas posibles para encadenar y limitar.

Chitta es la mente en sus profundidades y una especie de sustancia en la que se graban todo tipo de experiencias, donde se mueven a sus anchas los impulsos vitales, creando *samskaras* y *vasanas*, o sea residuos inconscientes que pueden llegar a turbar gravemente a la persona, pero con las herramientas yóguicas esto se puede ir debilitando y resolviendo.

Establecerse en el testigo

Encontramos el modo de desidentificarnos de las envolturas o vestimentas, o sea de los elementos constitutivos, para ir estableciéndonos en el testigo o espectador que no se deja afectar y puede mantener su sosiego aun en el desasosiego, mediante el trabajo sobre la mente y con las técnicas de introspección e instrucciones yóguicas. Hay dos símiles clásicos al respecto: el del hermano gemelo que sigue a su hermano y le observa, pero no se altera ni interviene, pues el que va delante es el que se implica, hace, reacciona y actúa. Uno es el hacedor y el otro el contemplador. Para el segundo símil tengo un grabado en el que se ve un pájaro comiendo fruta de un árbol con ansiedad, apegado, mientras que a su lado otro pájaro, ecuánime y sosegado, observa su afán.

En estos dos símiles se expresa la idea, que habrá que convertir en experiencia, de la energía que observa y el sujeto u objeto observado. Sin embargo, quebrar ese proceso de estrecha identificación es sumamente difícil, aunque si se consigue, nos traslada a un plano de consciencia imperturbada y plena.

La transición de la consciencia común a la consciencia despierta es difícil y muchas veces genera una tensión extrema que es la que precisamente puede desencadenar un tipo de visión tan insospechado como inesperado, que abre otros caminos en la mente. En su anhelo por obtener enfoques más libres e independientes, también más fecundos, para encontrar atajos, el ser humano ha recurrido a muy diversas sustancias tóxicas, que a veces, en lugar de acelerar el proceso, como se deseaba, se han convertido en una cadena más. A veces, los exploradores de la consciencia han sucumbido a esas tentaciones, tomando derroteros que han dificultado mucho las cosas. En todas las épocas y latitudes, se han buscado esos atajos, que han intervenido en diferentes ceremonias y rituales, en ese intento de «tomar el cielo por asalto», que resulta infructuoso y a menudo arriesgado.

Consciencia y supraconsciencia

La consciencia se maneja en un territorio limitado, pero a la vez muy rico, pues sus planos y modalidades son variados. De acuerdo con la vivacidad y el desarrollo de la consciencia, se la percibe de una manera más intensa, más o menos superficial o penetrante y más o menos torpe o sagaz. El yogui trata de abrillantar la consciencia y elevar su umbral para que la percepción sea más aguda y fiable.

La consciencia es como un foco que puede dirigirse hacia afuera para ver el exterior, o hacia adentro para conocer los propios procesos internos, pero puede ir más allá y tomar consciencia de la sensación de ser, incluso más allá, para encontrar otros comportamientos, pese a que esa consciencia muy desarrollada puede ser sobrepasada y permitir el paso a una más independiente y liberada, que es conocida como la supraconsciencia, que se guía no solo por la lógica ordinaria y los pares de opuestos, sino por una intuición superior que permite captar lo que no reporta la percepción habitual. Quien logra mantenerse en esa supraconsciencia es denominado en el ámbito del yoga un *jivanmukta* o un liberado-viviente, conocido en el budismo como *arahat* o despierto.

En ese estado de consciencia más allá de la consciencia, el ego queda tan debilitado que ha sido comparado con una cuerda quemada que está en el suelo y que, al ir a cogerla, se desvanece. Aunque sigue operando un ego provisional y funcional, no tiene poder para falsear o esconder la naturaleza real.

Muchísimo antes de Patañjali, ya se habían experimentado un gran número de enseñanzas y métodos para capturar esa consciencia que está más allá de la ordinaria. Patañjali recogió y sistematizó conocimientos y algunos, solo algunos, métodos, pese a que los recogidos y expuestos por él son infinitamente más efectivos. Los *sutras* de Patañjali son como ganzúas para tratar de abrir el portón hacia el conocimiento metafísico (*gnosis*) y hacia métodos que pueden mutar la consciencia. La hindú y budista es una sabiduría sublime, puesta al servicio de la autorrealización y es perenne por mucho que los tiempos cambien o el tantra más degradado se haya empeñado en hacernos ver que todo ello no es para la época actual.

Uno puede entender la liberación en unos u otros términos o en ninguno, dependiendo de las doctrinas que se hayan adoptado. Son los diferentes puntos de vista o *darsanas*, enfoques sobre la última realidad, que el samkhya-yogui expresará en unos términos; el vedantín, en otros, y los que abracen otras doctrinas, en otros, pero que al final como expresa el adagio: «Por cualquier lado que pruebes el océano, su sabor es el mismo», y son simplemente distintas vías hacia la cima de la consciencia.

Unos pueden hablar de *kaivalya* o aislamiento y otros de *moksha* o liberación; los hay que siguen la senda de la afirmación (el todo), los que se conducen por la de la negación (el vacío) y los que toman la de la yuxtaposición (ni esto ni aquello). Sin embargo, hay que evitar que la creencia se interponga y se convierta en un obstáculo más. Hay maestros que, para romper el esquema de la creencia, te dicen: «Creo en todo y en nada», pero el liberado-viviente la ha dejado muy atrás, pues ha entrado de lleno en la experiencia que transforma y libera.

5. *Pratyahara*

El *pratyahara* forma parte esencial de la senda del Raja-Yoga o yoga mental, el que apunta de modo directo al conocimiento, desarrollo, transformación y realización de la mente. Uno de los grados de Patañjali, que es justo el quinto, comienza desde allí la gran labor de sanear, purificar, ordenar y adiestrar la mente una vez que el yogui se haya aliado con la virtud o disciplina ética y haya incorporado las técnicas psicofisiológicas a su práctica. Estos primeros escalones le conducen al *pratyahara* y, desde ahí, seguirá la senda ascendente al *samadhi*. Paradójicamente, hay muy poca narrativa sobre el *pratyahara*, que me ha interesado tanto desde la adolescencia, cuando comencé a indagar apasionado por saber acerca de los estados superiores de la mente. No cabe duda de que es un estado muy importante, que ayuda a cubrir con más facilidad y más provechosamente los dos siguientes peldaños, el *dharana* y el *dhyana*.

Patañjali no profundiza sobre el *pratyahara*, lo que hace suponer que confía en que cada practicante obtenga la experiencia por sí mismo y que, una vez que ha llegado a esta estación del viaje, la aprecie, la utilice sabiamente y prosiga por sí mismo, pues el *pratyahara* purifica la mente, agota la energía de *vasanas* y *samskaras* para hacer introspección y silenciar el contenido mental. Cuando comencé a leer sobre yoga, hace más de seis décadas, los libros hacían referencia al *pratyahara*, si es que la hacían, como «retracción sensorial» o «apartamiento de la actividad sensorial». Uno tenía que sacar sus propias conclusiones o experiencias, sobre todo porque Patañjali era muy escueto y no abundaban los escritos sobre este tema propiamente dicho, que enseguida despertó mi curiosidad.

El *pratyahara* consiste en interiorizarnos de tal modo que nos desvinculamos de la actividad sensorial normal, como el que en su casa mental, en este caso, cierra las ventanas y se refugia en un inquebrantable silencio. Aunque los sentidos sigan con su dinámica propia y espontánea, la mente se desliga de ellos, se remansa en sí misma y permanece imperturbable. Se parece a las inalterables aguas de un río, aunque, si no se logra ese estado de interiorización, se sigue siendo víctima de sus olas fluctuantes.

Esta es una técnica básica e importante de introspección, que no solo reporta un sosiego inmenso, sino que confiere una experiencia especial y muy poco habitual, así como un tipo diferente de percepción y conocimiento. De ese estado singular de la mente, surgen el sosiego, la ecuanimidad y la alegría. La sustancia mental se apacigua y esclarece, pues en esos momentos se ve libre de las influencias del inconsciente y, por lo tanto, de la memoria y la imaginación. Al vaciarse de todo, incluso de los impactos o estímulos sensoriales, la mente entra en un estado *sattvico* o de gran pureza, una especie de intensa y transformadora experiencia de máxima quietud e imperturbabilidad, lo que produce una total desconexión del mundo exterior.

En resumen, el *pratyahara* limpia, estabiliza, nos conduce a la introversión y nos conecta con una percepción y autopercepción insospechadas y desconocidas. Como decía un mentor, «puedes hablar mucho del azúcar, pero si no la pruebas, no sabes de qué se trata». Por lo tanto, como todo ejercicio psicomental, solo podemos entenderlo en su profundidad si lo vivimos y experimentamos. Nos ayudarán aquellos ejercicios que nos permitan abstraernos, ensimismarnos y, en suma, interiorizarnos, pero solo contamos con vagas aproximaciones, por eso el practicante debe ir practicando por sí mismo el modo de provocarlo, recrearlo e intensificarlo.

El *pratyahara* tiene un gran poder purificador y no es una afirmación gratuita, por lo cual quiero fundamentarla. En la medida en que se produce un gran silencio mental, resultado de la supresión de las ideaciones y de las tendencias subyacentes anidadas en el inconsciente, se produce una falta de represión o un desmantelamiento de las reactividades inconscientes que van agotando su energía o reimpulso; en cambio, cuando hay reactividad, se reencienden y realimentan. El cableado inconsciente se desautomatiza y la naturaleza *sattvica* (pureza) va impregnando la mente. En este sentido, ese silencio y esa desconexión son sanadores y evitan reacciones en cadena que salpican el inconsciente de nuevos *samskaras* o huellas, es decir, impregnaciones subconscientes que lo condicionan; es decir, que las espinas se van debilitando y muchas de ellas son eliminadas.

6. Desencadenar el *pratyahara*

El antiguo símil al que recurro en mis clases de meditación, que dice que es como el que lee y relee el prospecto de un medicamento y lo deja olvidado en la mesilla de noche, se refiere a que no basta con leer y releer e investigar los aforismos de Patañjali; eso es mejor que nada, claro, pero es totalmente insuficiente. El gran poder de los *Yoga Sutras* se encuentra en la práctica, por eso estas afirmaciones repitámoslas, tienen por objeto motivar al lector para que practique, así como ofrecerle pautas para lograrlo.

Por un lado, está ese tipo de comprensión clara del fin, o sea, saber a dónde queremos llegar y, por otro lado, está la comprensión clara de los medios, es decir, con qué vehículos contamos para llegar. Patañjali señala la meta y ofrece los medios efectivos para alcanzarla. Pese a que se ha escrito muy poco sobre el *pratyahara* y se lo ha definido muy escuetamente, esto no es de extrañar, porque es necesario vivirlo y no solo explicarlo. Se pueden ofrecer pautas de orientación para conseguirlo, pero sabemos que será el resultado de una parte del trabajo (los primeros grados del yoga). También, que ese es el comienzo de otra parte de este: los dos restantes grados, que conducen al *samadhi*.

El *pratyahara* no viene por sí mismo y no es una simple técnica que pueda funcionar en cuanto uno se la propone, ya que tiene que apoyarse en los grados anteriores, pues surge cuando se han superado una serie de obstáculos, y se han refrenado las modificaciones de la mente, con lo cual aflora con más consistencia la cualidad (*guna*) pura o *sattvica*. Se van poniendo las condiciones para que el *pratyahara* pueda manifestarse, lo que no quiere decir que no recurramos a un método para desencadenarlo.

En la senda de Patañjali, hay que superar los impedimentos y apoyarse en los aliados para el progreso interior. Por lo tanto, y antes de aspirar a conquistar de modo directo ese especialísimo estado de la mente que es el *pratyahara*, debe uno debilitar los obstáculos y fortalecer a todos los aliados que ya hemos examinado. Hay que dar la bienvenida a todas las actitudes que nos ayuden a poder alcanzar el *pratyahara* para utilizarlo como método de apoyo también para el *dharana* y el *dhyana*. No cabe la menor duda de que, si nos familiarizamos con el *pratyahara*, nos será más fácil concentrarnos y meditar, o sea alcanzar los peldaños de *dharana* y *dhyana*, que nos permitirán, intensificándolos, acceder a las luminosas experiencias del *samadhi*.

En el volumen anterior de esta colección, *Asana y pranayama,* expusimos que ambos también cooperan, si son adecuadamente ejecutados, para cimentar el *pratyahara*. Tratamos, en lo posible, de aportar enseñanzas prácticas y métodos transformadores, pues de nada sirve convertirnos en unos eruditos o estudiosos de los *Yoga Sutras* si no brindan lo que ellos pretenden y quieren: *kaivalya*. En una cadena, todos los eslabones son igualmente importantes y desempeñan su papel. En la medida en que se perfecciona el *pratyahara*, se cultiva mejor el *dharana* o la concentración, porque desemboca en el *dhyana* o meditación, y pasamos de una consciencia periférica a la auténtica consciencia introvertida, ya que esa conseguida introspección nos abrirá puertas y estancias mentales insospechadas de un sabor inconfundible y realmente transformador.

Para hacer posible ese estado mental de consistente abstracción e introspección que es el *pratyahara*, el yogui recurre a métodos que puedan provocarlo y que pueden ser muy diversos, pero unos pocos han sido reseñados por Patañjali. Vamos a tratar de examinar algunos, destacando su carácter práctico y poniéndolos al alcance del lector, sobre todo para quienes sean practicantes de alguna forma de yoga, sobre todo de Raja-Yoga y seguidores de las enseñanzas de Patañjali.

En todas las personas, hay un lado silencioso de la mente, que he denominado y acuñado como «el punto de quietud». La cuestión es describir las condiciones para desplazarse de la mente egocéntrica a la no egoica, de la ruidosa a la silente, de la agitada a la profundamente calma. Uno de los anhelos de los yoguis de siempre ha sido encontrar ese ojo de buey al infinito, a lo que no está limitado por el ego y sus secuaces, por la falsa personalidad y la mente agitada y dislocada. Entre los numerosos métodos concebidos y ensayados para provocar el *pratyahara*, los yoguis encontraron la utilidad de distintas técnicas de *pranayama*, además de otras psicofísicas o psicomentales o incluso marcadamente energéticas.

Del *pranayama* al *pratyahara*

Debido a la intensa conexión que existe entre la mente y la respiración, se puede utilizar la consciencia para favorecer la abstracción mental y desencadenar el *pratyahara*, pero también, con gran provecho y eficacia, uno puede realizar diversos ejercicios de *pranayama* que inducen al silencio mental, a la introspección y al *pratyahara*.

La atención a la respiración se puede utilizar como técnica de inducción al *pratyahara*, al *dharana* y al *dhyana*. En el apartado de ejercicios de concentración, detallamos algunas técnicas de atención a la respiración, y otras más sofisticadas las detallaremos en nuestro volumen titulado *Dhyana y samadhi*. Ahora nos referimos a varias técnicas en concreto que pueden ayudarnos mucho en este sentido, sobre todo si se ejecutan y, a continuación, uno emprende la práctica de la meditación. Daré aquí algunas indicaciones, de acuerdo con mi propia experiencia, pero cada practicante, según sea la suya, puede realizar sus propios ajustes. Si algo he aprendido tras tantos años de indagación y práctica es que no hay reglas totalmente fijas, ni tal vez deba haberlas en forma obsesiva, puesto que cada practicante es un mundo por investigar en su propio laboratorio. Por fortuna, podemos partir de unos principios básicos, tal como seguí escrupulosamente durante mi exitoso aprendizaje del *uddiyana-bandha*, el *nauli* y el *basti*. Fui tanteando e incluso equivocándome una y otra vez, pues así se aprende, con paciencia y humildad; sobre todo con humildad.

Respiración alternada seguida de introspección profunda

La respiración alternada, que se ejecuta primero, consiste en lo siguiente:

- Sentado erguido, se clausura la fosa nasal derecha con el pulgar de la mano derecha y se inspira hasta llenar por completo los pulmones, ejerciendo un control abdominal medio. Se retiene el aire lo que se pueda, sin forzar, y a la par se cierran ambas fosas nasales: la derecha con el pulgar de la mano derecha y la izquierda o con el índice de la mano derecha o con los dedos anular y meñique de dicha mano. A continuación, se expulsa el aire en el mismo tiempo que se exhaló hasta dominar la técnica. Una vez que la técnica haya sido dominada, se aplicará la fórmula clásica de cuadruplicar la inhalación por el tiempo de retención y duplicarlo por el de exhalación. Por ejemplo, si el practicante inhala en cinco segundos, retendrá veinte y exhalará en diez.

Siempre se exhala por la fosa nasal opuesta a la que se inhaló y se inhala por la que se exhaló. Se puede aplicar la *mula bandha* durante la retención del aire.

Cuando el practicante controla bien esta modalidad de *pranayama*, puede ejercer también la suspensión del aire a pulmón vacío, tratando de abstraerse tanto como pueda y obteniendo la vacuidad mental. Después de diez o quince minutos, el practicante queda lo más absorto que pueda en sí mismo sin ejecutar ya la respiración alternada, en un estado de introspección y silencio mental durante el tiempo que considere oportuno.

Respiración con *kumbhaka* interior y exterior

• Se respira con toda naturalidad unas cuantas veces y después, poco a poco, se incorpora una pausa de varios segundos (sin forzar) de suspensión del aliento a pulmón lleno y a pulmón vacío, que uno va alargando según su propia capacidad. Se aprovecha esta pausa para volver la mente hacia dentro e ignorar la dinámica de los órganos sensoriales. Se va desplazando el foco de la atención hacia lo más interno, profundizando en la sensación de ser y alejándose así de la información superficial de los órganos sensoriales, lo que lleva a la raíz del pensamiento.

Respiración con *kumbhaka* exterior

• Se comienza por efectuar una respiración pausada y normal por la nariz, para ir poco a poco alargándola en la exhalación. Después de la misma, mantener el *kumbhaka* o retención a pulmón vacío, aprovechando la suspensión externa del aire, para enfocar la mente hacia dentro y quedar absorto en uno mismo. De manera natural, la retención a pulmón vacío se irá alargando por sí misma y será una oportunidad para pasar de la consciencia periférica a la profunda.

Kapalabhati y *savasana* profundo

Esta es una técnica muy especial de autoprofundización, basada en una primera fase que se fundamenta en la respiración *kapalabhati* y en una segunda en *savasana*, eficientemente provocado por el propio *pranayama* denominado *kapalabhati*. Es una combinación de ambas técnicas que resulta muy eficaz y es de lamentar que el *savasana* se esté aplicando de una manera tan superficial y solo fisiológica, cuando es un método idóneo para la introspección, ya que reduce al máximo la tensión somática.

Del *savasana* al *pratyahara*

• Se somete el cuerpo a una relajación muy profunda y progresiva, desde los pies a la cima de la cabeza, pasando por todas las zonas con la intención de aflojar tanto como se pueda. Una vez que se ha revisado todo el cuerpo y se ha relajado lo más posible, se ejecutan respiraciones diafragmáticas bastante más lentas y largas de lo habitual, aprovechando la exhalación para soltarse más y más e ir entrando en un estado de recogimiento y vacuidad. Hay que poner especial atención en sentir cómo uno se suelta con la exhalación y cómo se apoya en la misma para relajase en profundidad, por eso es de una gran eficacia ralentizar la exhalación y profundizarse.

La recitación del mantra *Om*

En postura de meditación inmóvil, se desconecta la mente de todo y se procede a la recitación de la vibración cósmica *Om* de alguna de las siguientes formas. Debemos de hacer lo posible para seleccionar la que resulte más eficiente para la introspección.

• Recitar mentalmente el mantra *Om*, alargándolo con la inhalación y la exhalación. Se mentaliza una vez al inhalar, se alarga al exhalar, tratando de desconectar la mente de todo lo demás, para conducirla a su fuente dentro de uno mismo, libre de otras ideaciones.

• Recitar mentalmente el mantra *Om* dejando que reverbere interiormente en la zona del corazón y recogiéndose en la misma.

• Recitar mentalmente el mantra *Om* y permitir que vibre en el entrecejo, donde hay que concentrar y abstraer la mente.

• Mentalizar a la vez el mantra *Om* como sonido y como luz radiante, situándose en la boca del estómago, el plexo solar.

7. Dharana

Podemos definir *dharana* como concentración y como la fijación de la mente en un solo objeto con absoluta exclusión de todo lo demás. Es uno de los métodos para ir purificando la mente, encauzándola, logrando que se abstraiga en un soporte y evitando su dispersión, pero además esto ayuda a ir consiguiendo que las fluctuaciones mentales vayan cediendo y se consiga la inhibición de las ideas y pensamientos (torbellinos mentales) a las que concede tanta importancia Patañjali yoga y a las distintas corrientes de orientación mística, donde el pensamiento ordinario y dual se considera por completo insuficiente para captar lo que está más allá. Esa otra realidad velada a la mente común, que es la que desencadena un tipo de comprensión realmente liberadora.

Los objetos que se utilizan para entrenar la mente, canalizarla y unificarla son soportes para fijar la atención e ir consiguiendo la unidireccionalidad de esta hacia estados de consciencia más elevados y, por lo tanto, otros tipos de percepción y sentimiento. Se trata de fijar la mente en el soporte seleccionado y tratar de irla absorbiendo en el mismo, tanto como sea posible, lo que requiere disciplina, esfuerzo bien medido y regularidad en la práctica.

Existen innumerables soportes para practicar el *dharana* o la fijación de la mente. En realidad, cualquiera puede servir, si bien cada practicante encontrará para sí mismo los que mejor le puedan venir o avenirse con él y serle más útiles para la abstracción mental y la subsiguiente inhibición de las ideas, donde se cumple el aforismo de Patañjali «*citta vritti nirodha*». El término *niroddha* es muy significativo y puede traducirse como control, sujeción, represión o términos afines.

La mente puede fijarse en soportes materiales (*saguna*) o más sutiles o abstractos (*nirguna*), con forma o sin forma. En el siguiente capítulo ofrecemos un buen número de soportes para la concentración. Aunque no es necesario trabajar con todos, el practicante sí puede probar para saber los que son de mayor eficacia para él y le permiten reabsorber más la mente.

Los requisitos para llevar a cabo el *dharana* o concentración son:

- Seleccionar en lo posible un lugar tranquilo.
- Estabilizar la postura elegida e inmovilizar el cuerpo tanto como se pueda, ya sea sentado en posición de meditación o sobre una silla.
- Mantener el tronco y la cabeza erguidos, pero evitando la tensión.
- Elegir el soporte para fijar la atención concentrada.
- Cada vez que uno descubra que la mente se ha distraído,

retrotraerla al ejercicio, con firmeza y paciencia, sin generar ninguna tensión inútil.

- Si uno tiene que moverse, hacerlo con atención y lentitud.
- Practicar con regularidad, sin desfallecer y sin autoexigencias desmesuradas.

El ejercicio puede desarrollarse durante diez minutos o más, con una o dos sesiones diarias.

Como ya hemos indicado, existe un gran número de soportes que son un medio o un artificio para lograr un fin: suprimir las fluctuaciones mentales, interiorizarse y abstraerse, con lo que se modifican la percepción, la cognición y, sobre todo, la autopercepción.

Favorecen la práctica y colaboran en la eficacia del *dharana*:

- La observancia de *yama* y *niyama*.
- La inmovilidad en la postura.
- La respiración fluida, regular y sosegada.
- El debilitamiento de los impedimentos u obstáculos y la intensificación de los aliados.
- El dominio del *pratyahara* y, por lo tanto, la capacidad de no dejarse dispersar por la dinámica de los órganos sensoriales.
- La intensidad en la práctica.
- La motivación inquebrantable.

8. Técnicas del *dharana*

Existe un gran número de técnicas para aprender a fijar la mente, concentrarla y abstraerla a fin de poder combatir así las fluctuaciones mentales, por un lado, y obtener estados intensos de ensimismamiento. El secreto no está tanto en el soporte, que es un medio, como en la calidad de la concentración y la abstracción que se consigan, y que darán como resultado:

- Intensidad de la atención unificada.
- Percepción pura.
- Un inhabitual tipo de cognición.
- Introspección y ensimismamiento.
- Sosiego.
- Contento interior, alegría, satisfacción.
- Ecuanimidad.

Las que incluimos aquí son una parte de las técnicas, pues las otras las mostraremos en el siguiente volumen, donde nos adentraremos en el *dhyana*. Sin embargo, debemos aclarar que las técnicas del *dharana* desembocan en el *dhyana*, que es su prolongación, que ofrecen aún un tipo más intenso de unidireccionalidad mental y de absorción.

Las técnicas del *dharana*, practicadas con asiduidad e intensidad, conducen al *dhyana*, pero hay métodos que por sí mismos tienen poder para conseguir que la mente se libere de modificaciones, se absorba y logre un estado de pureza (*satvica*) donde las impregnaciones del subconsciente (*samskaras* y *vasanas*) vayan siendo debilitadas o incluso agotadas. Como me decía un gran maestro de yoga, recurriendo a un símil brillante: «El *dharana* es una gota y el *dhyana* es esa gota fluyendo».

Fijación de la mirada en un punto

Se selecciona una cartulina blanca en la que se dibuja un punto negro en su centro. También puede ser una cartulina negra y un punto blanco o una chincheta de acero. Se coloca a una distancia de entre medio metro y un metro y se fija la mirada, evitando parpadear, estando muy atento al punto, evitando cualquier pensamiento y unificando al máximo la atención. Cada vez que uno se distrae, hay que corregir, con paciencia y contundencia. Uno no debe permitir que las disgresiones mentales le arrastren. La fijación de la mirada va conduciendo a la fijación de la mente. Tras unos minutos de abstraerse en el punto, se cierran los ojos y se trata de mantener el campo visual interno.

No hay que subestimar este ejercicio por simple que parezca, ya que es idóneo para principiantes que quieran aprender a unificar la consciencia. En una de mis numerosas visitas al venerable Nyanaponika Tehra, cuyas enseñanzas recojo en mi obra *Conversaciones con lamas y sabios budistas*, comprobé que en su aislada y silenciosa ermita en una jungla de Kandy, tenía colgada en la pared una cartulina con el punto negro. Me explicó que la utilizaba para la concentración y que le resultaba muy útil.

Concentración en una figura geométrica

Hay dos formas de abordar este ejercicio: una de ellas es dibujar una figura geométrica en una cartulina, para utilizarla como soporte de atención, fijando la mirada y concentrándose. La otra consiste en observar la figura geométrica, concentrarse en ella y luego cerrar los ojos y reproducirla en el campo visual interno.

Concentración en un color

Se selecciona un color, que puede ser el que se prefiera, y se trata de mantener la mente fija, con ausencia de todo lo demás. De acuerdo con la naturaleza mental del practicante, también se puede utilizar uno u otro color, que puede influir sobre el carácter.

Concentración en un fondo negro

Este ejercicio es conocido como «la noche mental» y es de gran eficacia para la concentración y para facilitar el *pratyahara*. Se trata de mentalizar un fondo negro, como si el campo visual interno se cubriese de negro. Uno puede concentrarse en una pizarra o encerado negro o dejar la mente absorta en el firmamento negro.

Trataka

Esta técnica ha sido difundida desde hace siglos por los grandes textos clásicos de Hatha-Yoga y puede realizarse como técnica fisiológica para la purificación de los globos oculares, pero también como método de concentración y de absorción mental. Se trata de dejar la mirada concentrada en un soporte, parpadeando lo menos posible, hasta quedar absorto.

La mirada en el infinito

Se trata de inmovilizar la posición y perder la mirada en el infinito, evitando parpadear, pero sin esfuerzo, dejando que la mente se vaya absorbiendo en el espacio, haciendo caso omiso a los pensamientos, que van y vienen, pero no alteran al practicante. Poco a poco, la mente se identifica con el vacío y se va liberando de todo tipo de ideaciones, entrando en un estado de calma profunda y absorción.

Concentración en la llama de una vela

Se coloca una vela encendida frente a uno, a la distancia que se considere mejor y más oportuna. Se sostiene la mirada en la llama de la vela y se la observa durante unos minutos, parpadeando lo menos posible. Después, con la raíz del dedo pulgar se presionan los globos oculares ligeramente. Entonces, aparece con toda claridad una imagen en la retina y uno se concentra tanto como sea posible, hasta que la imagen se disipa por completo. Este ejercicio se puede hacer varias veces.

Concentración en un disco luminoso

Se mentaliza un disco luminoso, como el sol o la luna, y se trata de abstraer la mente en él, tanto como sea posible. El ejercicio se puede hacer con la luna visible, puede realizarse con el sol, en cualquier caso, basta con visualizar el disco luminoso y absorber la mente.

Concentración en un sonido

Se elige un sonido repetitivo, como un metrónomo, el tictac de un reloj, el chapoteo del agua o el crepitar del fuego o cualquier otro, para permanecer extraordinariamente atento a ese sonido sin dejar que ningún pensamiento interfiera, utilizando el sonido como objeto de atención pura y penetrativa.

Concentración en el silencio

La mente, muy alerta y perceptiva, se conecta con el silencio, que se escucha dejando que la mente se abstraiga lo más posible, tratando de evitar la interferencia de pensamientos.

Concentración en el sonido y en el silencio

Resulta un ejercicio muy interesante, que consiste en escuchar un sonido y el silencio que le sigue. Sonido y silencio, sonido y silencio. El afamado escritor Alan Watts acostumbraba a meditar con un gong al que golpeaba y luego silenciaba, para estar muy atento al sonido y al silencio del gong.

Concentración en la postura corporal

Adoptar una postura corporal y permanecer inmóvil. Se retira la mente de todo, para instalarse en ella, tratando de estar muy concentrado en la posición, que es como un poste al que atamos la atención, tratando de sentir, pero no de pensar, analizar o interpretar. La posición corporal se convierte en soporte de concentración y, cada vez que la mente se fuga, hay que retrotraerla a la posición corporal.

Concentración en la boca del estómago

Se retira la mente de todo para fijarla e interiorizarla en la boca del estómago, en lo que se denomina el plexo solar, que se convierte en el soporte de la atención y la abstracción.

Concentración en el entrecejo

Se retira la mente de todo y se interioriza en el entrecejo, tratando de frenar las ideaciones, reabsorbiéndose en uno mismo. En la medida de lo posible, hay que crear un sentimiento de recogimiento y concentración, sin permitir que las ideas nos conduzcan de uno a otro lado.

Concentración en la cima de la cabeza

Se toma la cima de la cabeza como soporte de concentración y abstracción. Se retira la mente de todo y se fija la atención allí. Si vienen pensamientos, se ignora, ya que se irán debilitando o se cortan de raíz. La mente tiene que irse absorbiendo en la cima de la cabeza, como si nada más existiera, para lograr la unidireccionalidad.

Concentración sobre los elementos

Se trata de utilizar los cuatro elementos básicos: tierra, agua fuego y aire como soportes de concentración, pasando del más burdo al más sutil. Para la concentración, se sirve uno de una superficie imaginaria de ese color, es decir, de la correspondiente representación mental, que puede ser concentración en una superficie de tierra unos minutos, otros en una superficie de agua, otros en una de fuego y por último en el aire o vacío. También se puede hacer el ejercicio, mediante la observación directa y la abstracción en la tierra, el agua, el fuego y el vacío.

Yoni mudra

Adoptada la posición de meditación, se cierran los sentidos con los dedos de las manos de la siguiente manera: los pulgares cierran los oídos; los índices, los párpados; los medios, los labios; los anulares y meñiques, los labios.

El adiestramiento y perfeccionamiento en el *dharana* nos permite adentrarnos y a su vez también perfeccionarnos en ejercicios más sutiles del *dhyana*. El *dharana* es la base de la pirámide y el *dhyana* la punta que nos conecta finalmente con el *samadhi*. Así también podemos imaginar los peldaños o grados de Patañjali como una pirámide bien afincada en lo tosco, para conducirnos, paso a paso, a lo más sutil.

Conclusiones

Buda declaraba: «Más importante que vencer a mil guerreros en mil batallas diferentes es vencerse a sí mismo». Patañjali, cuyos paralelismos entre sus *Aforismos* y el Noble Óctuple Sendero de Buda son innegables, nos muestra estrategias muy válidas para que esa conquista sea posible, ofreciéndonos toda suerte de enseñanzas y métodos para despegar a planos más elevados de consciencia, donde surge un tipo especial de comprensión profunda, que no es posible rescatar en la mente ordinaria y regida por los pares de opuestos. Con habilidad, también nos va descubriendo cuáles son en este proceso de real cambio interior nuestros aliados y los no pocos obstáculos que tenernos que superar.

La primera vez que leí los *Aforismos*, me percaté de que son como una guía para que podamos ayudarnos cada uno en su viaje interior, pero que requiere, necesariamente, ser llevada a la práctica, por uno mismo para afrontar y superar los impedimentos que no dejan de presentarse en esa búsqueda de una mente más libre, clara, sosegada y despierta. Nunca tuve el menor interés por los *siddhis* que incluye Patañjali en sus *Sutras* y que, sinceramente, hubiera sido mejor que no los incluyera, pues no creo que sea en absoluto necesario ofrecer ese reclamo al genuino buscador espiritual, incluso si la referencia a dichos poderes psíquicos tiene más de simbólico o mítico que de real.

El proceso que conduce de la ignorancia básica a la sabiduría tiene mucho de aprendizaje, pero también de desaprendizaje. Hay mucho que arrojar por la borda, mucho que desocupar, para que pueda aflorar lo más real. Desde luego, debilitar al máximo el ego, para que pueda manifestarse lo que está más allá del mismo.

El trabajo que exigen los *Aforismos* de Patañjali es para personas de todas las creencias o ninguna: esa es una de sus grandezas. Son adogmáticos y los pueden llevar a cabo con el mismo éxito creyentes o agnósticos, teístas o no teístas, lo mismo personas de fe que de ninguna fe. No exigen creencia, pero sí práctica y experiencias. Al final, uno mismo es su propia lámpara por encender y, por lo tanto, es su propio maestro y discípulo.